REGISTRE
POUR ENREGISTREMENT
DU COURRIER - ARRIVÉE

Raison Sociale: ....

Etablissement: ....

N° SIREN: ....

Date d'ouverture du registre: ....

Date de clôture du registre: ....

ARRIVEE

Date d'arrivée	Date et N° de la correspondance	Expéditeur	Objet	Date et N° de la réponse
__/__/__	__/__/__			__/__/__
__/__/__	__/__/__			__/__/__
__/__/__	__/__/__			__/__/__
__/__/__	__/__/__			__/__/__
__/__/__	__/__/__			__/__/__
__/__/__	__/__/__			__/__/__
__/__/__	__/__/__			__/__/__
__/__/__	__/__/__			__/__/__
__/__/__	__/__/__			__/__/__
__/__/__	__/__/__			__/__/__

ARRIVEE

Date d'arrivée	Date et N° de la correspondance	Expéditeur	Objet	Date et N° de la réponse
__/__/__	__/__/__			__/__/__
__/__/__	__/__/__			__/__/__
__/__/__	__/__/__			__/__/__
__/__/__	__/__/__			__/__/__
__/__/__	__/__/__			__/__/__
__/__/__	__/__/__			__/__/__
__/__/__	__/__/__			__/__/__
__/__/__	__/__/__			__/__/__
__/__/__	__/__/__			__/__/__
__/__/__	__/__/__			__/__/__

ARRIVEE

Date d'arrivée	Date et N° de la correspondance	Expéditeur	Objet	Date et N° de la réponse
/ /	/ /			/ /
/ /	/ /			/ /
/ /	/ /			/ /
/ /	/ /			/ /
/ /	/ /			/ /
/ /	/ /			/ /
/ /	/ /			/ /
/ /	/ /			/ /
/ /	/ /			/ /
/ /	/ /			/ /

ARRIVEE

Date d'arrivée	Date et N° de la correspondance	Expéditeur	Objet	Date et N° de la réponse
/ /	/ /			/ /
/ /	/ /			/ /
/ /	/ /			/ /
/ /	/ /			/ /
/ /	/ /			/ /
/ /	/ /			/ /
/ /	/ /			/ /
/ /	/ /			/ /
/ /	/ /			/ /
/ /	/ /			/ /

ARRIVEE

Date d'arrivée	Date et N° de la correspondance	Expéditeur	Objet	Date et N° de la réponse
__/__/__	__/__/__			__/__/__
__/__/__	__/__/__			__/__/__
__/__/__	__/__/__			__/__/__
__/__/__	__/__/__			__/__/__
__/__/__	__/__/__			__/__/__
__/__/__	__/__/__			__/__/__
__/__/__	__/__/__			__/__/__
__/__/__	__/__/__			__/__/__
__/__/__	__/__/__			__/__/__
__/__/__	__/__/__			__/__/__

Date d'arrivée	Date et N° de la correspondance	Expéditeur	Objet	Date et N° de la réponse
__/__/__	__/__/__			__/__/__
__/__/__	__/__/__			__/__/__
__/__/__	__/__/__			__/__/__
__/__/__	__/__/__			__/__/__
__/__/__	__/__/__			__/__/__
__/__/__	__/__/__			__/__/__
__/__/__	__/__/__			__/__/__
__/__/__	__/__/__			__/__/__
__/__/__	__/__/__			__/__/__
__/__/__	__/__/__			__/__/__

ARRIVEE

Date d'arrivée	Date et N° de la correspondance	Expéditeur	Objet	Date et N° de la réponse

ARRIVEE

Date d'arrivée	Date et N° de la correspondance	Expéditeur	Objet	Date et N° de la réponse
___/___/___	___/___/___			___/___/___
___/___/___	___/___/___			___/___/___
___/___/___	___/___/___			___/___/___
___/___/___	___/___/___			___/___/___
___/___/___	___/___/___			___/___/___
___/___/___	___/___/___			___/___/___
___/___/___	___/___/___			___/___/___
___/___/___	___/___/___			___/___/___
___/___/___	___/___/___			___/___/___
___/___/___	___/___/___			___/___/___

ARRIVEE

Date d'arrivée	Date et N° de la correspondance	Expéditeur	Objet	Date et N° de la réponse
__/__/__	__/__/__			__/__/__
__/__/__	__/__/__			__/__/__
__/__/__	__/__/__			__/__/__
__/__/__	__/__/__			__/__/__
__/__/__	__/__/__			__/__/__
__/__/__	__/__/__			__/__/__
__/__/__	__/__/__			__/__/__
__/__/__	__/__/__			__/__/__
__/__/__	__/__/__			__/__/__
__/__/__	__/__/__			__/__/__

ARRIVEE

Date d'arrivée	Date et N° de la correspondance	Expéditeur	Objet	Date et N° de la réponse
__/__/__	__/__/__			__/__/__
__/__/__	__/__/__			__/__/__
__/__/__	__/__/__			__/__/__
__/__/__	__/__/__			__/__/__
__/__/__	__/__/__			__/__/__
__/__/__	__/__/__			__/__/__
__/__/__	__/__/__			__/__/__
__/__/__	__/__/__			__/__/__
__/__/__	__/__/__			__/__/__
__/__/__	__/__/__			__/__/__

ARRIVEE

Date d'arrivée	Date et N° de la correspondance	Expéditeur	Objet	Date et N° de la réponse
__ / __ / ____	__ / __ / ____			__ / __ / ____
__ / __ / ____	__ / __ / ____			__ / __ / ____
__ / __ / ____	__ / __ / ____			__ / __ / ____
__ / __ / ____	__ / __ / ____			__ / __ / ____
__ / __ / ____	__ / __ / ____			__ / __ / ____
__ / __ / ____	__ / __ / ____			__ / __ / ____
__ / __ / ____	__ / __ / ____			__ / __ / ____
__ / __ / ____	__ / __ / ____			__ / __ / ____
__ / __ / ____	__ / __ / ____			__ / __ / ____
__ / __ / ____	__ / __ / ____			__ / __ / ____

ARRIVEE

Date d'arrivée	Date et N° de la correspondance	Expéditeur	Objet	Date et N° de la réponse
__/__/__	__/__/__			__/__/__
__/__/__	__/__/__			__/__/__
__/__/__	__/__/__			__/__/__
__/__/__	__/__/__			__/__/__
__/__/__	__/__/__			__/__/__
__/__/__	__/__/__			__/__/__
__/__/__	__/__/__			__/__/__
__/__/__	__/__/__			__/__/__
__/__/__	__/__/__			__/__/__
__/__/__	__/__/__			__/__/__

ARRIVEE

Date d'arrivée	Date et N° de la correspondance	Expéditeur	Objet	Date et N° de la réponse

ARRIVEE

Date d'arrivée	Date et N° de la correspondance	Expéditeur	Objet	Date et N° de la réponse
__/__/__	__/__/__			__/__/__
__/__/__	__/__/__			__/__/__
__/__/__	__/__/__			__/__/__
__/__/__	__/__/__			__/__/__
__/__/__	__/__/__			__/__/__
__/__/__	__/__/__			__/__/__
__/__/__	__/__/__			__/__/__
__/__/__	__/__/__			__/__/__
__/__/__	__/__/__			__/__/__
__/__/__	__/__/__			__/__/__

ARRIVEE

Date d'arrivée	Date et N° de la correspondance	Expéditeur	Objet	Date et N° de la réponse
/ /	/ /			/ /
/ /	/ /			/ /
/ /	/ /			/ /
/ /	/ /			/ /
/ /	/ /			/ /
/ /	/ /			/ /
/ /	/ /			/ /
/ /	/ /			/ /
/ /	/ /			/ /
/ /	/ /			/ /

ARRIVEE

Date d'arrivée	Date et N° de la correspondance	Expéditeur	Objet	Date et N° de la réponse
/ /	/ /			/ /
/ /	/ /			/ /
/ /	/ /			/ /
/ /	/ /			/ /
/ /	/ /			/ /
/ /	/ /			/ /
/ /	/ /			/ /
/ /	/ /			/ /
/ /	/ /			/ /
/ /	/ /			/ /

ARRIVEE

Date d'arrivée	Date et N° de la correspondance	Expéditeur	Objet	Date et N° de la réponse

ARRIVEE

Date d'arrivée	Date et N° de la correspondance	Expéditeur	Objet	Date et N° de la réponse
__/__/__	__/__/__			__/__/__
__/__/__	__/__/__			__/__/__
__/__/__	__/__/__			__/__/__
__/__/__	__/__/__			__/__/__
__/__/__	__/__/__			__/__/__
__/__/__	__/__/__			__/__/__
__/__/__	__/__/__			__/__/__
__/__/__	__/__/__			__/__/__
__/__/__	__/__/__			__/__/__
__/__/__	__/__/__			__/__/__

ARRIVEE

Date d'arrivée	Date et N° de la correspondance	Expéditeur	Objet	Date et N° de la réponse

ARRIVEE

Date d'arrivée	Date et N° de la correspondance	Expéditeur	Objet	Date et N° de la réponse

ARRIVEE

Date d'arrivée	Date et N° de la correspondance	Expéditeur	Objet	Date et N° de la réponse
__ / __ / __	__ / __ / __			__ / __ / __
__ / __ / __	__ / __ / __			__ / __ / __
__ / __ / __	__ / __ / __			__ / __ / __
__ / __ / __	__ / __ / __			__ / __ / __
__ / __ / __	__ / __ / __			__ / __ / __
__ / __ / __	__ / __ / __			__ / __ / __
__ / __ / __	__ / __ / __			__ / __ / __
__ / __ / __	__ / __ / __			__ / __ / __
__ / __ / __	__ / __ / __			__ / __ / __
__ / __ / __	__ / __ / __			__ / __ / __

ARRIVEE

Date d'arrivée	Date et N° de la correspondance	Expéditeur	Objet	Date et N° de la réponse
___/___/___	___/___/___			___/___/___
___/___/___	___/___/___			___/___/___
___/___/___	___/___/___			___/___/___
___/___/___	___/___/___			___/___/___
___/___/___	___/___/___			___/___/___
___/___/___	___/___/___			___/___/___
___/___/___	___/___/___			___/___/___
___/___/___	___/___/___			___/___/___
___/___/___	___/___/___			___/___/___
___/___/___	___/___/___			___/___/___

ARRIVEE

Date d'arrivée	Date et N° de la correspondance	Expéditeur	Objet	Date et N° de la réponse
__/__/__	__/__/__			__/__/__
__/__/__	__/__/__			__/__/__
__/__/__	__/__/__			__/__/__
__/__/__	__/__/__			__/__/__
__/__/__	__/__/__			__/__/__
__/__/__	__/__/__			__/__/__
__/__/__	__/__/__			__/__/__
__/__/__	__/__/__			__/__/__
__/__/__	__/__/__			__/__/__
__/__/__	__/__/__			__/__/__

ARRIVEE

Date d'arrivée	Date et N° de la correspondance	Expéditeur	Objet	Date et N° de la réponse
__/__/__	__/__/__			__/__/__
__/__/__	__/__/__			__/__/__
__/__/__	__/__/__			__/__/__
__/__/__	__/__/__			__/__/__
__/__/__	__/__/__			__/__/__
__/__/__	__/__/__			__/__/__
__/__/__	__/__/__			__/__/__
__/__/__	__/__/__			__/__/__
__/__/__	__/__/__			__/__/__
__/__/__	__/__/__			__/__/__

ARRIVEE

Date d'arrivée	Date et N° de la correspondance	Expéditeur	Objet	Date et N° de la réponse
__ / __ / __	__ / __ / __			__ / __ / __
__ / __ / __	__ / __ / __			__ / __ / __
__ / __ / __	__ / __ / __			__ / __ / __
__ / __ / __	__ / __ / __			__ / __ / __
__ / __ / __	__ / __ / __			__ / __ / __
__ / __ / __	__ / __ / __			__ / __ / __
__ / __ / __	__ / __ / __			__ / __ / __
__ / __ / __	__ / __ / __			__ / __ / __
__ / __ / __	__ / __ / __			__ / __ / __
__ / __ / __	__ / __ / __			__ / __ / __

ARRIVEE

Date d'arrivée	Date et N° de la correspondance	Expéditeur	Objet	Date et N° de la réponse
__/__/__	__/__/__			__/__/__
__/__/__	__/__/__			__/__/__
__/__/__	__/__/__			__/__/__
__/__/__	__/__/__			__/__/__
__/__/__	__/__/__			__/__/__
__/__/__	__/__/__			__/__/__
__/__/__	__/__/__			__/__/__
__/__/__	__/__/__			__/__/__
__/__/__	__/__/__			__/__/__
__/__/__	__/__/__			__/__/__

ARRIVEE

Date d'arrivée	Date et N° de la correspondance	Expéditeur	Objet	Date et N° de la réponse
__ / __ / __	__ / __ / __			__ / __ / __
__ / __ / __	__ / __ / __			__ / __ / __
__ / __ / __	__ / __ / __			__ / __ / __
__ / __ / __	__ / __ / __			__ / __ / __
__ / __ / __	__ / __ / __			__ / __ / __
__ / __ / __	__ / __ / __			__ / __ / __
__ / __ / __	__ / __ / __			__ / __ / __
__ / __ / __	__ / __ / __			__ / __ / __
__ / __ / __	__ / __ / __			__ / __ / __
__ / __ / __	__ / __ / __			__ / __ / __

ARRIVEE

Date d'arrivée	Date et N° de la correspondance	Expéditeur	Objet	Date et N° de la réponse
__/__/__	__/__/__			__/__/__
__/__/__	__/__/__			__/__/__
__/__/__	__/__/__			__/__/__
__/__/__	__/__/__			__/__/__
__/__/__	__/__/__			__/__/__
__/__/__	__/__/__			__/__/__
__/__/__	__/__/__			__/__/__
__/__/__	__/__/__			__/__/__
__/__/__	__/__/__			__/__/__
__/__/__	__/__/__			__/__/__

ARRIVEE

Date d'arrivée	Date et N° de la correspondance	Expéditeur	Objet	Date et N° de la réponse

ARRIVEE

Date d'arrivée	Date et N° de la correspondance	Expéditeur	Objet	Date et N° de la réponse
/ /	/ /			/ /
/ /	/ /			/ /
/ /	/ /			/ /
/ /	/ /			/ /
/ /	/ /			/ /
/ /	/ /			/ /
/ /	/ /			/ /
/ /	/ /			/ /
/ /	/ /			/ /
/ /	/ /			/ /

ARRIVEE

Date d'arrivée	Date et N° de la correspondance	Expéditeur	Objet	Date et N° de la réponse

ARRIVEE

Date d'arrivée	Date et N° de la correspondance	Expéditeur	Objet	Date et N° de la réponse
__ / __ / __	__ / __ / __			__ / __ / __
__ / __ / __	__ / __ / __			__ / __ / __
__ / __ / __	__ / __ / __			__ / __ / __
__ / __ / __	__ / __ / __			__ / __ / __
__ / __ / __	__ / __ / __			__ / __ / __
__ / __ / __	__ / __ / __			__ / __ / __
__ / __ / __	__ / __ / __			__ / __ / __
__ / __ / __	__ / __ / __			__ / __ / __
__ / __ / __	__ / __ / __			__ / __ / __
__ / __ / __	__ / __ / __			__ / __ / __

ARRIVEE

Date d'arrivée	Date et N° de la correspondance	Expéditeur	Objet	Date et N° de la réponse

ARRIVEE

Date d'arrivée	Date et N° de la correspondance	Expéditeur	Objet	Date et N° de la réponse
__ / __ / __	__ / __ / __			__ / __ / __
__ / __ / __	__ / __ / __			__ / __ / __
__ / __ / __	__ / __ / __			__ / __ / __
__ / __ / __	__ / __ / __			__ / __ / __
__ / __ / __	__ / __ / __			__ / __ / __
__ / __ / __	__ / __ / __			__ / __ / __
__ / __ / __	__ / __ / __			__ / __ / __
__ / __ / __	__ / __ / __			__ / __ / __
__ / __ / __	__ / __ / __			__ / __ / __
__ / __ / __	__ / __ / __			__ / __ / __

ARRIVEE

Date d'arrivée	Date et N° de la correspondance	Expéditeur	Objet	Date et N° de la réponse

ARRIVEE

Date d'arrivée	Date et N° de la correspondance	Expéditeur	Objet	Date et N° de la réponse
__/__/__	__/__/__			__/__/__
__/__/__	__/__/__			__/__/__
__/__/__	__/__/__			__/__/__
__/__/__	__/__/__			__/__/__
__/__/__	__/__/__			__/__/__
__/__/__	__/__/__			__/__/__
__/__/__	__/__/__			__/__/__
__/__/__	__/__/__			__/__/__
__/__/__	__/__/__			__/__/__
__/__/__	__/__/__			__/__/__

ARRIVEE

Date d'arrivée	Date et N° de la correspondance	Expéditeur	Objet	Date et N° de la réponse
__/__/__	__/__/__			__/__/__
__/__/__	__/__/__			__/__/__
__/__/__	__/__/__			__/__/__
__/__/__	__/__/__			__/__/__
__/__/__	__/__/__			__/__/__
__/__/__	__/__/__			__/__/__
__/__/__	__/__/__			__/__/__
__/__/__	__/__/__			__/__/__
__/__/__	__/__/__			__/__/__
__/__/__	__/__/__			__/__/__

ARRIVEE

Date d'arrivée	Date et N° de la correspondance	Expéditeur	Objet	Date et N° de la réponse
__/__/__	__/__/__			__/__/__
__/__/__	__/__/__			__/__/__
__/__/__	__/__/__			__/__/__
__/__/__	__/__/__			__/__/__
__/__/__	__/__/__			__/__/__
__/__/__	__/__/__			__/__/__
__/__/__	__/__/__			__/__/__
__/__/__	__/__/__			__/__/__
__/__/__	__/__/__			__/__/__
__/__/__	__/__/__			__/__/__

ARRIVEE

Date d'arrivée	Date et N° de la correspondance	Expéditeur	Objet	Date et N° de la réponse

ARRIVEE

Date d'arrivée	Date et N° de la correspondance	Expéditeur	Objet	Date et N° de la réponse
__/__/__	__/__/__			__/__/__
__/__/__	__/__/__			__/__/__
__/__/__	__/__/__			__/__/__
__/__/__	__/__/__			__/__/__
__/__/__	__/__/__			__/__/__
__/__/__	__/__/__			__/__/__
__/__/__	__/__/__			__/__/__
__/__/__	__/__/__			__/__/__
__/__/__	__/__/__			__/__/__
__/__/__	__/__/__			__/__/__

ARRIVEE

Date d'arrivée	Date et N° de la correspondance	Expéditeur	Objet	Date et N° de la réponse
__ / __ / __	__ / __ / __			__ / __ / __
__ / __ / __	__ / __ / __			__ / __ / __
__ / __ / __	__ / __ / __			__ / __ / __
__ / __ / __	__ / __ / __			__ / __ / __
__ / __ / __	__ / __ / __			__ / __ / __
__ / __ / __	__ / __ / __			__ / __ / __
__ / __ / __	__ / __ / __			__ / __ / __
__ / __ / __	__ / __ / __			__ / __ / __
__ / __ / __	__ / __ / __			__ / __ / __
__ / __ / __	__ / __ / __			__ / __ / __

ARRIVEE

Date d'arrivée	Date et N° de la correspondance	Expéditeur	Objet	Date et N° de la réponse
/ /	/ /			/ /
/ /	/ /			/ /
/ /	/ /			/ /
/ /	/ /			/ /
/ /	/ /			/ /
/ /	/ /			/ /
/ /	/ /			/ /
/ /	/ /			/ /
/ /	/ /			/ /
/ /	/ /			/ /

ARRIVEE

Date d'arrivée	Date et N° de la correspondance	Expéditeur	Objet	Date et N° de la réponse
__/__/__	__/__/__			__/__/__
__/__/__	__/__/__			__/__/__
__/__/__	__/__/__			__/__/__
__/__/__	__/__/__			__/__/__
__/__/__	__/__/__			__/__/__
__/__/__	__/__/__			__/__/__
__/__/__	__/__/__			__/__/__
__/__/__	__/__/__			__/__/__
__/__/__	__/__/__			__/__/__
__/__/__	__/__/__			__/__/__

ARRIVEE

Date d'arrivée	Date et N° de la correspondance	Expéditeur	Objet	Date et N° de la réponse

ARRIVEE

Date d'arrivée	Date et N° de la correspondance	Expéditeur	Objet	Date et N° de la réponse

ARRIVEE

Date d'arrivée	Date et N° de la correspondance	Expéditeur	Objet	Date et N° de la réponse
__/__/__	__/__/__			__/__/__
__/__/__	__/__/__			__/__/__
__/__/__	__/__/__			__/__/__
__/__/__	__/__/__			__/__/__
__/__/__	__/__/__			__/__/__
__/__/__	__/__/__			__/__/__
__/__/__	__/__/__			__/__/__
__/__/__	__/__/__			__/__/__
__/__/__	__/__/__			__/__/__
__/__/__	__/__/__			__/__/__

ARRIVEE

Date d'arrivée	Date et N° de la correspondance	Expéditeur	Objet	Date et N° de la réponse
__/__/__	__/__/__			__/__/__
__/__/__	__/__/__			__/__/__
__/__/__	__/__/__			__/__/__
__/__/__	__/__/__			__/__/__
__/__/__	__/__/__			__/__/__
__/__/__	__/__/__			__/__/__
__/__/__	__/__/__			__/__/__
__/__/__	__/__/__			__/__/__
__/__/__	__/__/__			__/__/__
__/__/__	__/__/__			__/__/__

ARRIVEE

Date d'arrivée	Date et N° de la correspondance	Expéditeur	Objet	Date et N° de la réponse
__/__/__	__/__/__			__/__/__
__/__/__	__/__/__			__/__/__
__/__/__	__/__/__			__/__/__
__/__/__	__/__/__			__/__/__
__/__/__	__/__/__			__/__/__
__/__/__	__/__/__			__/__/__
__/__/__	__/__/__			__/__/__
__/__/__	__/__/__			__/__/__
__/__/__	__/__/__			__/__/__

ARRIVEE

Date d'arrivée	Date et N° de la correspondance	Expéditeur	Objet	Date et N° de la réponse
__/__/__	__/__/__			__/__/__
__/__/__	__/__/__			__/__/__
__/__/__	__/__/__			__/__/__
__/__/__	__/__/__			__/__/__
__/__/__	__/__/__			__/__/__
__/__/__	__/__/__			__/__/__
__/__/__	__/__/__			__/__/__
__/__/__	__/__/__			__/__/__
__/__/__	__/__/__			__/__/__
__/__/__	__/__/__			__/__/__

ARRIVEE

Date d'arrivée	Date et N° de la correspondance	Expéditeur	Objet	Date et N° de la réponse
__ / __ / __	__ / __ / __			__ / __ / __
__ / __ / __	__ / __ / __			__ / __ / __
__ / __ / __	__ / __ / __			__ / __ / __
__ / __ / __	__ / __ / __			__ / __ / __
__ / __ / __	__ / __ / __			__ / __ / __
__ / __ / __	__ / __ / __			__ / __ / __
__ / __ / __	__ / __ / __			__ / __ / __
__ / __ / __	__ / __ / __			__ / __ / __
__ / __ / __	__ / __ / __			__ / __ / __
__ / __ / __	__ / __ / __			__ / __ / __

ARRIVEE

Date d'arrivée	Date et N° de la correspondance	Expéditeur	Objet	Date et N° de la réponse

ARRIVEE

Date d'arrivée	Date et N° de la correspondance	Expéditeur	Objet	Date et N° de la réponse
__/__/__	__/__/__			__/__/__
__/__/__	__/__/__			__/__/__
__/__/__	__/__/__			__/__/__
__/__/__	__/__/__			__/__/__
__/__/__	__/__/__			__/__/__
__/__/__	__/__/__			__/__/__
__/__/__	__/__/__			__/__/__
__/__/__	__/__/__			__/__/__
__/__/__	__/__/__			__/__/__
__/__/__	__/__/__			__/__/__

ARRIVEE

Date d'arrivée	Date et N° de la correspondance	Expéditeur	Objet	Date et N° de la réponse
__/__/__	__/__/__			__/__/__
__/__/__	__/__/__			__/__/__
__/__/__	__/__/__			__/__/__
__/__/__	__/__/__			__/__/__
__/__/__	__/__/__			__/__/__
__/__/__	__/__/__			__/__/__
__/__/__	__/__/__			__/__/__
__/__/__	__/__/__			__/__/__
__/__/__	__/__/__			__/__/__
__/__/__	__/__/__			__/__/__

ARRIVEE

Date d'arrivée	Date et N° de la correspondance	Expéditeur	Objet	Date et N° de la réponse

ARRIVEE

Date d'arrivée	Date et N° de la correspondance	Expéditeur	Objet	Date et N° de la réponse
/ /	/ /			/ /
/ /	/ /			/ /
/ /	/ /			/ /
/ /	/ /			/ /
/ /	/ /			/ /
/ /	/ /			/ /
/ /	/ /			/ /
/ /	/ /			/ /
/ /	/ /			/ /
/ /	/ /			/ /

ARRIVEE

Date d'arrivée	Date et N° de la correspondance	Expéditeur	Objet	Date et N° de la réponse

ARRIVEE

Date d'arrivée	Date et N° de la correspondance	Expéditeur	Objet	Date et N° de la réponse

ARRIVEE

Date d'arrivée	Date et N° de la correspondance	Expéditeur	Objet	Date et N° de la réponse
/ /	/ /			/ /
/ /	/ /			/ /
/ /	/ /			/ /
/ /	/ /			/ /
/ /	/ /			/ /
/ /	/ /			/ /
/ /	/ /			/ /
/ /	/ /			/ /
/ /	/ /			/ /
/ /	/ /			/ /

ARRIVEE

Date d'arrivée	Date et N° de la correspondance	Expéditeur	Objet	Date et N° de la réponse

ARRIVEE

Date d'arrivée	Date et N° de la correspondance	Expéditeur	Objet	Date et N° de la réponse
__/__/__	__/__/__			__/__/__
__/__/__	__/__/__			__/__/__
__/__/__	__/__/__			__/__/__
__/__/__	__/__/__			__/__/__
__/__/__	__/__/__			__/__/__
__/__/__	__/__/__			__/__/__
__/__/__	__/__/__			__/__/__
__/__/__	__/__/__			__/__/__
__/__/__	__/__/__			__/__/__
__/__/__	__/__/__			__/__/__

ARRIVEE

Date d'arrivée	Date et N° de la correspondance	Expéditeur	Objet	Date et N° de la réponse
__/__/__	__/__/__			__/__/__
__/__/__	__/__/__			__/__/__
__/__/__	__/__/__			__/__/__
__/__/__	__/__/__			__/__/__
__/__/__	__/__/__			__/__/__
__/__/__	__/__/__			__/__/__
__/__/__	__/__/__			__/__/__
__/__/__	__/__/__			__/__/__
__/__/__	__/__/__			__/__/__
__/__/__	__/__/__			__/__/__

ARRIVEE

Date d'arrivée	Date et N° de la correspondance	Expéditeur	Objet	Date et N° de la réponse
__/__/__	__/__/__			__/__/__
__/__/__	__/__/__			__/__/__
__/__/__	__/__/__			__/__/__
__/__/__	__/__/__			__/__/__
__/__/__	__/__/__			__/__/__
__/__/__	__/__/__			__/__/__
__/__/__	__/__/__			__/__/__
__/__/__	__/__/__			__/__/__
__/__/__	__/__/__			__/__/__
__/__/__	__/__/__			__/__/__

ARRIVEE

Date d'arrivée	Date et N° de la correspondance	Expéditeur	Objet	Date et N° de la réponse
__/__/__	__/__/__			__/__/__
__/__/__	__/__/__			__/__/__
__/__/__	__/__/__			__/__/__
__/__/__	__/__/__			__/__/__
__/__/__	__/__/__			__/__/__
__/__/__	__/__/__			__/__/__
__/__/__	__/__/__			__/__/__
__/__/__	__/__/__			__/__/__
__/__/__	__/__/__			__/__/__
__/__/__	__/__/__			__/__/__

ARRIVEE

Date d'arrivée	Date et N° de la correspondance	Expéditeur	Objet	Date et N° de la réponse
__/__/__	__/__/__			__/__/__
__/__/__	__/__/__			__/__/__
__/__/__	__/__/__			__/__/__
__/__/__	__/__/__			__/__/__
__/__/__	__/__/__			__/__/__
__/__/__	__/__/__			__/__/__
__/__/__	__/__/__			__/__/__
__/__/__	__/__/__			__/__/__
__/__/__	__/__/__			__/__/__
__/__/__	__/__/__			__/__/__

ARRIVEE

Date d'arrivée	Date et N° de la correspondance	Expéditeur	Objet	Date et N° de la réponse
__/__/__	__/__/__			__/__/__
__/__/__	__/__/__			__/__/__
__/__/__	__/__/__			__/__/__
__/__/__	__/__/__			__/__/__
__/__/__	__/__/__			__/__/__
__/__/__	__/__/__			__/__/__
__/__/__	__/__/__			__/__/__
__/__/__	__/__/__			__/__/__
__/__/__	__/__/__			__/__/__
__/__/__	__/__/__			__/__/__

ARRIVEE

Date d'arrivée	Date et N° de la correspondance	Expéditeur	Objet	Date et N° de la réponse
/ /	/ /			/ /
/	/ /			/ /
/	/ /			/ /
/	/ /			/ /
/ /	/ /			/ /
/ /	/ /			/ /
/ /	/ /			/ /
/ /	/ /			/ /
/	/ /			/ /
/ /	/ /			/ /

ARRIVEE

Date d'arrivée	Date et N° de la correspondance	Expéditeur	Objet	Date et N° de la réponse
__/__/__	__/__/__			__/__/__
__/__/__	__/__/__			__/__/__
__/__/__	__/__/__			__/__/__
__/__/__	__/__/__			__/__/__
__/__/__	__/__/__			__/__/__
__/__/__	__/__/__			__/__/__
__/__/__	__/__/__			__/__/__
__/__/__	__/__/__			__/__/__
__/__/__	__/__/__			__/__/__
__/__/__	__/__/__			__/__/__

ARRIVEE

Date d'arrivée	Date et N° de la correspondance	Expéditeur	Objet	Date et N° de la réponse
__ / __ / __	__ / __			__ / __ / __
__ / __ / __	__ / __			__ / __ / __
__ / __ / __	__ / __			__ / __ / __
__ / __ / __	__ / __			__ / __ / __
__ / __ / __	__ / __			__ / __ / __
__ / __ / __	__ / __			__ / __ / __
__ / __ / __	__ / __ / __			__ / __ / __
__ / __ / __	__ / __			__ / __ / __
__ / __ / __	__ / __			__ / __ / __
__ / __ / __	__ / __ / __			__ / __ / __

ARRIVEE

Date d'arrivée	Date et N° de la correspondance	Expéditeur	Objet	Date et N° de la réponse
__/__/__	__/__/__			__/__/__
__/__/__	__/__/__			__/__/__
__/__/__	__/__/__			__/__/__
__/__/__	__/__/__			__/__/__
__/__/__	__/__/__			__/__/__
__/__/__	__/__/__			__/__/__
__/__/__	__/__/__			__/__/__
__/__/__	__/__/__			__/__/__
__/__/__	__/__/__			__/__/__
__/__/__	__/__/__			__/__/__

ARRIVEE

Date d'arrivée	Date et N° de la correspondance	Expéditeur	Objet	Date et N° de la réponse
__/__/__	__/__/__			__/__/__
__/__/__	__/__/__			__/__/__
__/__/__	__/__/__			__/__/__
__/__/__	__/__/__			__/__/__
__/__/__	__/__/__			__/__/__
__/__/__	__/__/__			__/__/__
__/__/__	__/__/__			__/__/__
__/__/__	__/__/__			__/__/__
__/__/__	__/__/__			__/__/__
__/__/__	__/__/__			__/__/__

ARRIVEE

Date d'arrivée	Date et N° de la correspondance	Expéditeur	Objet	Date et N° de la réponse
/ /	/ /			/ /
/ /	/ /			/ /
/ /	/ /			/ /
/ /	/ /			/ /
/ /	/ /			/ /
/ /	/ /			/ /
/ /	/ /			/ /
/ /	/ /			/ /
/ /	/ /			/ /
/ /	/ /			/ /

ARRIVEE

Date d'arrivée	Date et N° de la correspondance	Expéditeur	Objet	Date et N° de la réponse
__/__/__	__/__/__			__/__/__
__/__/__	__/__/__			__/__/__
__/__/__	__/__/__			__/__/__
__/__/__	__/__/__			__/__/__
__/__/__	__/__/__			__/__/__
__/__/__	__/__/__			__/__/__
__/__/__	__/__/__			__/__/__
__/__/__	__/__/__			__/__/__
__/__/__	__/__/__			__/__/__
__/__/__	__/__/__			__/__/__

ARRIVEE

Date d'arrivée	Date et N° de la correspondance	Expéditeur	Objet	Date et N° de la réponse
_/_/_	_/_/_			_/_/_
_/_/_	_/_/_			_/_/_
_/_/_	_/_/_			_/_/_
_/_/_	_/_/_			_/_/_
_/_/_	_/_/_			_/_/_
_/_/_	_/_/_			_/_/_
_/_/_	_/_/_			_/_/_
_/_/_	_/_/_			_/_/_
_/_/_	_/_/_			_/_/_
_/_/_	_/_/_			_/_/_

ARRIVEE

Date d'arrivée	Date et N° de la correspondance	Expéditeur	Objet	Date et N° de la réponse
__ / __ / __	__ / __ / __			__ / __ / __
__ / __ / __	__ / __ / __			__ / __ / __
__ / __ / __	__ / __ / __			__ / __ / __
__ / __ / __	__ / __ / __			__ / __ / __
__ / __ / __	__ / __ / __			__ / __ / __
__ / __ / __	__ / __ / __			__ / __ / __
__ / __ / __	__ / __ / __			__ / __ / __
__ / __ / __	__ / __ / __			__ / __ / __
__ / __ / __	__ / __ / __			__ / __ / __
__ / __ / __	__ / __ / __			__ / __ / __

ARRIVEE

Date d'arrivée	Date et N° de la correspondance	Expéditeur	Objet	Date et N° de la réponse
__/__/__	__/__/__			__/__/__
__/__/__	__/__/__			__/__/__
__/__/__	__/__/__			__/__/__
__/__/__	__/__/__			__/__/__
__/__/__	__/__/__			__/__/__
__/__/__	__/__/__			__/__/__
__/__/__	__/__/__			__/__/__
__/__/__	__/__/__			__/__/__
__/__/__	__/__/__			__/__/__
__/__/__	__/__/__			__/__/__

ARRIVEE

Date d'arrivée	Date et N° de la correspondance	Expéditeur	Objet	Date et N° de la réponse
__/__/__	__/__/__			__/__/__
__/__/__	__/__/__			__/__/__
__/__/__	__/__/__			__/__/__
__/__/__	__/__/__			__/__/__
__/__/__	__/__/__			__/__/__
__/__/__	__/__/__			__/__/__
__/__/__	__/__/__			__/__/__
__/__/__	__/__/__			__/__/__
__/__/__	__/__/__			__/__/__
__/__/__	__/__/__			__/__/__

ARRIVEE

Date d'arrivée	Date et N° de la correspondance	Expéditeur	Objet	Date et N° de la réponse
/ /	/ /			/ /
/ /	/ /			/ /
/ /	/ /			/ /
/ /	/ /			/ /
/ /	/ /			/ /
/ /	/ /			/ /
/ /	/ /			/ /
/ /	/ /			/ /
/ /	/ /			/ /
/ /	/ /			/ /

ARRIVEE

Date d'arrivée	Date et N° de la correspondance	Expéditeur	Objet	Date et N° de la réponse

ARRIVEE

Date d'arrivée	Date et N° de la correspondance	Expéditeur	Objet	Date et N° de la réponse

ARRIVEE

Date d'arrivée	Date et N° de la correspondance	Expéditeur	Objet	Date et N° de la réponse

ARRIVEE

Date d'arrivée	Date et N° de la correspondance	Expéditeur	Objet	Date et N° de la réponse
/ /	/ /			/ /
/ /	/ /			/ /
/ /	/ /			/ /
/ /	/ /			/ /
/ /	/ /			/ /
/ /	/ /			/ /
/ /	/ /			/ /
/ /	/ /			/ /
/ /	/ /			/ /
/ /	/ /			/ /

ARRIVEE

Date d'arrivée	Date et N° de la correspondance	Expéditeur	Objet	Date et N° de la réponse
/ /	/ /			/ /
/ /	/ /			/ /
/ /	/ /			/ /
/ /	/ /			/ /
/ /	/ /			/ /
/ /	/ /			/ /
/ /	/ /			/ /
/ /	/ /			/ /
/ /	/ /			/ /
/ /	/ /			/ /

ARRIVEE

Date d'arrivée	Date et N° de la correspondance	Expéditeur	Objet	Date et N° de la réponse

Date d'arrivée	Date et N° de la correspondance	Expéditeur	Objet	Date et N° de la réponse
__/__/__	__/__/__			__/__/__
__/__/__	__/__/__			__/__/__
__/__/__	__/__/__			__/__/__
__/__/__	__/__/__			__/__/__
__/__/__	__/__/__			__/__/__
__/__/__	__/__/__			__/__/__
__/__/__	__/__/__			__/__/__
__/__/__	__/__/__			__/__/__
__/__/__	__/__/__			__/__/__
__/__/__	__/__/__			__/__/__

ARRIVEE

Date d'arrivée	Date et N° de la correspondance	Expéditeur	Objet	Date et N° de la réponse
/ /	/ /			/ /
/ /	/ /			/ /
/ /	/ /			/ /
/ /	/ /			/ /
/ /	/ /			/ /
/ /	/ /			/ /
/ /	/ /			/ /
/ /	/ /			/ /
/ /	/ /			/ /
/ /	/ /			/ /

ARRIVEE

Date d'arrivée	Date et N° de la correspondance	Expéditeur	Objet	Date et N° de la réponse

ARRIVEE

Date d'arrivée	Date et N° de la correspondance	Expéditeur	Objet	Date et N° de la réponse
__/__/__	__/__/__			__/__/__
__/__/__	__/__/__			__/__/__
__/__/__	__/__/__			__/__/__
__/__/__	__/__/__			__/__/__
__/__/__	__/__/__			__/__/__
__/__/__	__/__/__			__/__/__
__/__/__	__/__/__			__/__/__
__/__/__	__/__/__			__/__/__
__/__/__	__/__/__			__/__/__
__/__/__	__/__/__			__/__/__

ARRIVEE

Date d'arrivée	Date et N° de la correspondance	Expéditeur	Objet	Date et N° de la réponse
__/__/__	__/__/__			__/__/__
__/__/__	__/__/__			__/__/__
__/__/__	__/__/__			__/__/__
__/__/__	__/__/__			__/__/__
__/__/__	__/__/__			__/__/__
__/__/__	__/__/__			__/__/__
__/__/__	__/__/__			__/__/__
__/__/__	__/__/__			__/__/__
__/__/__	__/__/__			__/__/__
__/__/__	__/__/__			__/__/__

ARRIVEE

Date d'arrivée	Date et N° de la correspondance	Expéditeur	Objet	Date et N° de la réponse
__/__/__	__/__/__			__/__/__
__/__/__	__/__/__			__/__/__
__/__/__	__/__/__			__/__/__
__/__/__	__/__/__			__/__/__
__/__/__	__/__/__			__/__/__
__/__/__	__/__/__			__/__/__
__/__/__	__/__/__			__/__/__
__/__/__	__/__/__			__/__/__
__/__/__	__/__/__			__/__/__
__/__/__	__/__/__			__/__/__

ARRIVEE

Date d'arrivée	Date et N° de la correspondance	Expéditeur	Objet	Date et N° de la réponse

ARRIVEE

Date d'arrivée	Date et N° de la correspondance	Expéditeur	Objet	Date et N° de la réponse
/ /	/ /			/ /
/ /	/ /			/ /
/ /	/ /			/ /
/ /	/ /			/ /
/ /	/ /			/ /
/ /	/ /			/ /
/ /	/ /			/ /
/ /	/ /			/ /
/ /	/ /			/ /
/ /	/ /			/ /

ARRIVEE

Date d'arrivée	Date et N° de la correspondance	Expéditeur	Objet	Date et N° de la réponse
__/__/__	__/__/__			__/__/__
__/__/__	__/__/__			__/__/__
__/__/__	__/__/__			__/__/__
__/__/__	__/__/__			__/__/__
__/__/__	__/__/__			__/__/__
__/__/__	__/__/__			__/__/__
__/__/__	__/__/__			__/__/__
__/__/__	__/__/__			__/__/__
__/__/__	__/__/__			__/__/__

ARRIVEE

Date d'arrivée	Date et N° de la correspondance	Expéditeur	Objet	Date et N° de la réponse
__/__/__	__/__/__			__/__/__
__/__/__	__/__/__			__/__/__
__/__/__	__/__/__			__/__/__
__/__/__	__/__/__			__/__/__
__/__/__	__/__/__			__/__/__
__/__/__	__/__/__			__/__/__
__/__/__	__/__/__			__/__/__
__/__/__	__/__/__			__/__/__
__/__/__	__/__/__			__/__/__
__/__/__	__/__/__			__/__/__

ARRIVEE

Date d'arrivée	Date et N° de la correspondance	Expéditeur	Objet	Date et N° de la réponse

ARRIVEE

Date d'arrivée	Date et N° de la correspondance	Expéditeur	Objet	Date et N° de la réponse
/	/			/ /
/	/			/ /
/	/			/ /
/	/			/ /
/	/			/ /
/	/			/ /
/	/			/ /
/	/			/ /
/	/			/ /
/	/			/ /

ARRIVEE

Date d'arrivée	Date et N° de la correspondance	Expéditeur	Objet	Date et N° de la réponse
/ /	/ /			/ /
/ /	/ /			/ /
/ /	/ /			/ /
/ /	/ /			/ /
/ /	/ /			/ /
/ /	/ /			/ /
/ /	/ /			/ /
/ /	/ /			/ /
/ /	/ /			/ /
/ /	/ /			/ /

ARRIVEE

Date d'arrivée	Date et N° de la correspondance	Expéditeur	Objet	Date et N° de la réponse
__/__/__	__/__/__			__/__/__
__/__/__	__/__/__			__/__/__
__/__/__	__/__/__			__/__/__
__/__/__	__/__/__			__/__/__
__/__/__	__/__/__			__/__/__
__/__/__	__/__/__			__/__/__
__/__/__	__/__/__			__/__/__
__/__/__	__/__/__			__/__/__
__/__/__	__/__/__			__/__/__
__/__/__	__/__/__			__/__/__

ARRIVEE

Date d'arrivée	Date et N° de la correspondance	Expéditeur	Objet	Date et N° de la réponse

ARRIVEE

Date d'arrivée	Date et N° de la correspondance	Expéditeur	Objet	Date et N° de la réponse

ARRIVEE

Date d'arrivée	Date et N° de la correspondance	Expéditeur	Objet	Date et N° de la réponse
/ /	/ /			/ /
/ /	/ /			/ /
/ /	/ /			/ /
/ /	/ /			/ /
/ /	/ /			/ /
/ /	/ /			/ /
/ /	/ /			/ /
/ /	/ /			/ /
/ /	/ /			/ /
/ /	/ /			/ /

Date d'arrivée	Date et N° de la correspondance	Expéditeur	Objet	Date et N° de la réponse
__/__/__	__/__/__			__/__/__
__/__/__	__/__/__			__/__/__
__/__/__	__/__/__			__/__/__
__/__/__	__/__/__			__/__/__
__/__/__	__/__/__			__/__/__
__/__/__	__/__/__			__/__/__
__/__/__	__/__/__			__/__/__
__/__/__	__/__/__			__/__/__
__/__/__	__/__/__			__/__/__
__/__/__	__/__/__			__/__/__

ARRIVEE

Date d'arrivée	Date et N° de la correspondance	Expéditeur	Objet	Date et N° de la réponse
_/_/_	_/_/_			_/_/_
_/_/_	_/_/_			_/_/_
_/_/_	_/_/_			_/_/_
_/_/_	_/_/_			_/_/_
_/_/_	_/_/_			_/_/_
_/_/_	_/_/_			_/_/_
_/_/_	_/_/_			_/_/_
_/_/_	_/_/_			_/_/_
_/_/_	_/_/_			_/_/_
_/_/_	_/_/_			_/_/_

ARRIVEE

Date d'arrivée	Date et N° de la correspondance	Expéditeur	Objet	Date et N° de la réponse
__ / __ / __	__ / __ / __			__ / __ / __
__ / __ / __	__ / __ / __			__ / __ / __
__ / __ / __	__ / __ / __			__ / __ / __
__ / __ / __	__ / __ / __			__ / __ / __
__ / __ / __	__ / __ / __			__ / __ / __
__ / __ / __	__ / __ / __			__ / __ / __
__ / __ / __	__ / __ / __			__ / __ / __
__ / __ / __	__ / __ / __			__ / __ / __
__ / __ / __	__ / __ / __			__ / __ / __
__ / __ / __	__ / __ / __			__ / __ / __

ARRIVEE

Date d'arrivée	Date et N° de la correspondance	Expéditeur	Objet	Date et N° de la réponse
__ / __ / __	__ / __ / __			__ / __ / __
__ / __ / __	__ / __ / __			__ / __ / __
__ / __ / __	__ / __ / __			__ / __ / __
__ / __ / __	__ / __ / __			__ / __ / __
__ / __ / __	__ / __ / __			__ / __ / __
__ / __ / __	__ / __ / __			__ / __ / __
__ / __ / __	__ / __ / __			__ / __ / __
__ / __ / __	__ / __ / __			__ / __ / __
__ / __ / __	__ / __ / __			__ / __ / __
__ / __ / __	__ / __ / __			__ / __ / __

ARRIVEE

Date d'arrivée	Date et N° de la correspondance	Expéditeur	Objet	Date et N° de la réponse
__/__/__	__/__/__			__/__/__
__/__/__	__/__/__			__/__/__
__/__/__	__/__/__			__/__/__
__/__/__	__/__/__			__/__/__
__/__/__	__/__/__			__/__/__
__/__/__	__/__/__			__/__/__
__/__/__	__/__/__			__/__/__
__/__/__	__/__/__			__/__/__
__/__/__	__/__/__			__/__/__
__/__/__	__/__/__			__/__/__

ARRIVEE

Date d'arrivée	Date et N° de la correspondance	Expéditeur	Objet	Date et N° de la réponse

ARRIVEE

Date d'arrivée	Date et N° de la correspondance	Expéditeur	Objet	Date et N° de la réponse

ARRIVEE

Date d'arrivée	Date et N° de la correspondance	Expéditeur	Objet	Date et N° de la réponse
__/__/__	__/__/__			__/__/__
__/__/__	__/__/__			__/__/__
__/__/__	__/__/__			__/__/__
__/__/__	__/__/__			__/__/__
__/__/__	__/__/__			__/__/__
__/__/__	__/__/__			__/__/__
__/__/__	__/__/__			__/__/__
__/__/__	__/__/__			__/__/__
__/__/__	__/__/__			__/__/__
__/__/__	__/__/__			__/__/__

ARRIVEE

Date d'arrivée	Date et N° de la correspondance	Expéditeur	Objet	Date et N° de la réponse
/ /	/ /			/ /
/ /	/ /			/ /
/ /	/ /			/ /
/ /	/ /			/ /
/ /	/ /			/ /
/ /	/ /			/ /
/ /	/ /			/ /
/ /	/ /			/ /
/ /	/ /			/ /
/ /	/ /			/ /

ARRIVEE

Date d'arrivée	Date et N° de la correspondance	Expéditeur	Objet	Date et N° de la réponse

ARRIVEE

Date d'arrivée	Date et N° de la correspondance	Expéditeur	Objet	Date et N° de la réponse

ARRIVEE

Date d'arrivée	Date et N° de la correspondance	Expéditeur	Objet	Date et N° de la réponse
__/__/__	__/__/__			__/__/__
__/__/__	__/__/__			__/__/__
__/__/__	__/__/__			__/__/__
__/__/__	__/__/__			__/__/__
__/__/__	__/__/__			__/__/__
__/__/__	__/__/__			__/__/__
__/__/__	__/__/__			__/__/__
__/__/__	__/__/__			__/__/__
__/__/__	__/__/__			__/__/__
__/__/__	__/__/__			__/__/__

ARRIVEE

Date d'arrivée	Date et N° de la correspondance	Expéditeur	Objet	Date et N° de la réponse
__/__/__	__/__/__			__/__/__
__/__/__	__/__/__			__/__/__
__/__/__	__/__/__			__/__/__
__/__/__	__/__/__			__/__/__
__/__/__	__/__/__			__/__/__
__/__/__	__/__/__			__/__/__
__/__/__	__/__/__			__/__/__
__/__/__	__/__/__			__/__/__
__/__/__	__/__/__			__/__/__
__/__/__	__/__/__			__/__/__

ARRIVEE

Date d'arrivée	Date et N° de la correspondance	Expéditeur	Objet	Date et N° de la réponse

ARRIVEE

Date d'arrivée	Date et N° de la correspondance	Expéditeur	Objet	Date et N° de la réponse

ARRIVEE

Date d'arrivée	Date et N° de la correspondance	Expéditeur	Objet	Date et N° de la réponse
__/__/__	__/__/__			__/__/__
__/__/__	__/__/__			__/__/__
__/__/__	__/__/__			__/__/__
__/__/__	__/__/__			__/__/__
__/__/__	__/__/__			__/__/__
__/__/__	__/__/__			__/__/__
__/__/__	__/__/__			__/__/__
__/__/__	__/__/__			__/__/__
__/__/__	__/__/__			__/__/__
__/__/__	__/__/__			__/__/__

ARRIVEE

Date d'arrivée	Date et N° de la correspondance	Expéditeur	Objet	Date et N° de la réponse
__/__/__	__/__/__			__/__/__
__/__/__	__/__/__			__/__/__
__/__/__	__/__/__			__/__/__
__/__/__	__/__/__			__/__/__
__/__/__	__/__/__			__/__/__
__/__/__	__/__/__			__/__/__
__/__/__	__/__/__			__/__/__
__/__/__	__/__/__			__/__/__
__/__/__	__/__/__			__/__/__
__/__/__	__/__/__			__/__/__

ARRIVEE

Date d'arrivée	Date et N° de la correspondance	Expéditeur	Objet	Date et N° de la réponse
/ /	/ /			/ /
/ /	/ /			/ /
/ /	/ /			/ /
/ /	/ /			/ /
/ /	/ /			/ /
/ /	/ /			/ /
/ /	/ /			/ /
/ /	/ /			/ /
/ /	/ /			/ /
/ /	/ /			/ /

ARRIVEE

Date d'arrivée	Date et N° de la correspondance	Expéditeur	Objet	Date et N° de la réponse
__/__/__	__/__/__			__/__/__
__/__/__	__/__/__			__/__/__
__/__/__	__/__/__			__/__/__
__/__/__	__/__/__			__/__/__
__/__/__	__/__/__			__/__/__
__/__/__	__/__/__			__/__/__
__/__/__	__/__/__			__/__/__
__/__/__	__/__/__			__/__/__
__/__/__	__/__/__			__/__/__
__/__/__	__/__/__			__/__/__

ARRIVEE

Date d'arrivée	Date et N° de la correspondance	Expéditeur	Objet	Date et N° de la réponse

ARRIVEE

Date d'arrivée	Date et N° de la correspondance	Expéditeur	Objet	Date et N° de la réponse
__/__/__	__/__/__			__/__/__
__/__/__	__/__/__			__/__/__
__/__/__	__/__/__			__/__/__
__/__/__	__/__/__			__/__/__
__/__/__	__/__/__			__/__/__
__/__/__	__/__/__			__/__/__
__/__/__	__/__/__			__/__/__
__/__/__	__/__/__			__/__/__
__/__/__	__/__/__			__/__/__
__/__/__	__/__/__			__/__/__

ARRIVEE

Date d'arrivée	Date et N° de la correspondance	Expéditeur	Objet	Date et N° de la réponse
__/__/__	__/__/__			__/__/__
__/__/__	__/__/__			__/__/__
__/__/__	__/__/__			__/__/__
__/__/__	__/__/__			__/__/__
__/__/__	__/__/__			__/__/__
__/__/__	__/__/__			__/__/__
__/__/__	__/__/__			__/__/__
__/__/__	__/__/__			__/__/__
__/__/__	__/__/__			__/__/__
__/__/__	__/__/__			__/__/__

ARRIVEE

Date d'arrivée	Date et N° de la correspondance	Expéditeur	Objet	Date et N° de la réponse
__/__/__	__/__/__			__/__/__
__/__/__	__/__/__			__/__/__
__/__/__	__/__/__			__/__/__
__/__/__	__/__/__			__/__/__
__/__/__	__/__/__			__/__/__
__/__/__	__/__/__			__/__/__
__/__/__	__/__/__			__/__/__
__/__/__	__/__/__			__/__/__
__/__/__	__/__/__			__/__/__
__/__/__	__/__/__			__/__/__

ARRIVEE

Date d'arrivée	Date et N° de la correspondance	Expéditeur	Objet	Date et N° de la réponse
__/__/__	__/__/__			__/__/__
__/__/__	__/__/__			__/__/__
__/__/__	__/__/__			__/__/__
__/__/__	__/__/__			__/__/__
__/__/__	__/__/__			__/__/__
__/__/__	__/__/__			__/__/__
__/__/__	__/__/__			__/__/__
__/__/__	__/__/__			__/__/__
__/__/__	__/__/__			__/__/__
__/__/__	__/__/__			__/__/__

ARRIVEE

Date d'arrivée	Date et N° de la correspondance	Expéditeur	Objet	Date et N° de la réponse
__ / __ / __	__ / __ / __			__ / __ / __
__ / __ / __	__ / __ / __			__ / __ / __
__ / __ / __	__ / __ / __			__ / __ / __
__ / __ / __	__ / __ / __			__ / __ / __
__ / __ / __	__ / __ / __			__ / __ / __
__ / __ / __	__ / __ / __			__ / __ / __
__ / __ / __	__ / __ / __			__ / __ / __
__ / __ / __	__ / __ / __			__ / __ / __
__ / __ / __	__ / __ / __			__ / __ / __
__ / __ / __	__ / __ / __			__ / __ / __

ARRIVEE

Date d'arrivée	Date et N° de la correspondance	Expéditeur	Objet	Date et N° de la réponse
__/__/__	__/__/__			__/__/__
__/__/__	__/__/__			__/__/__
__/__/__	__/__/__			__/__/__
__/__/__	__/__/__			__/__/__
__/__/__	__/__/__			__/__/__
__/__/__	__/__/__			__/__/__
__/__/__	__/__/__			__/__/__
__/__/__	__/__/__			__/__/__
__/__/__	__/__/__			__/__/__
__/__/__	__/__/__			__/__/__

ARRIVEE

Date d'arrivée	Date et N° de la correspondance	Expéditeur	Objet	Date et N° de la réponse

ARRIVEE

Date d'arrivée	Date et N° de la correspondance	Expéditeur	Objet	Date et N° de la réponse
__/__/__	__/__/__			__/__/__
__/__/__	__/__/__			__/__/__
__/__/__	__/__/__			__/__/__
__/__/__	__/__/__			__/__/__
__/__/__	__/__/__			__/__/__
__/__/__	__/__/__			__/__/__
__/__/__	__/__/__			__/__/__
__/__/__	__/__/__			__/__/__
__/__/__	__/__/__			__/__/__
__/__/__	__/__/__			__/__/__

ARRIVEE

Date d'arrivée	Date et N° de la correspondance	Expéditeur	Objet	Date et N° de la réponse
/ /	/ /			/ /
/ /	/ /			/ /
/ /	/ /			/ /
/ /	/ /			/ /
/ /	/ /			/ /
/ /	/ /			/ /
/ /	/ /			/ /
/ /	/ /			/ /
/ /	/ /			/ /
/ /	/ /			/ /

ARRIVEE

Date d'arrivée	Date et N° de la correspondance	Expéditeur	Objet	Date et N° de la réponse
__/__/__	__/__/__			__/__/__
__/__/__	__/__/__			__/__/__
__/__/__	__/__/__			__/__/__
__/__/__	__/__/__			__/__/__
__/__/__	__/__/__			__/__/__
__/__/__	__/__/__			__/__/__
__/__/__	__/__/__			__/__/__
__/__/__	__/__/__			__/__/__
__/__/__	__/__/__			__/__/__
__/__/__	__/__/__			__/__/__

ARRIVEE

Date d'arrivée	Date et N° de la correspondance	Expéditeur	Objet	Date et N° de la réponse
__/__/__	__/__/__			__/__/__
__/__/__	__/__/__			__/__/__
__/__/__	__/__/__			__/__/__
__/__/__	__/__/__			__/__/__
__/__/__	__/__/__			__/__/__
__/__/__	__/__/__			__/__/__
__/__/__	__/__/__			__/__/__
__/__/__	__/__/__			__/__/__
__/__/__	__/__/__			__/__/__
__/__/__	__/__/__			__/__/__

ARRIVEE

Date d'arrivée	Date et N° de la correspondance	Expéditeur	Objet	Date et N° de la réponse
__/__/__	__/__/__			__/__/__
__/__/__	__/__/__			__/__/__
__/__/__	__/__/__			__/__/__
__/__/__	__/__/__			__/__/__
__/__/__	__/__/__			__/__/__
__/__/__	__/__/__			__/__/__
__/__/__	__/__/__			__/__/__
__/__/__	__/__/__			__/__/__
__/__/__	__/__/__			__/__/__
__/__/__	__/__/__			__/__/__

ARRIVEE

Date d'arrivée	Date et N° de la correspondance	Expéditeur	Objet	Date et N° de la réponse

ARRIVEE

Date d'arrivée	Date et N° de la correspondance	Expéditeur	Objet	Date et N° de la réponse
__ / __ / __	__ / __ / __			__ / __ / __
__ / __ / __	__ / __ / __			__ / __ / __
__ / __ / __	__ / __ / __			__ / __ / __
__ / __ / __	__ / __ / __			__ / __ / __
__ / __ / __	__ / __ / __			__ / __ / __
__ / __ / __	__ / __ / __			__ / __ / __
__ / __ / __	__ / __ / __			__ / __ / __
__ / __ / __	__ / __ / __			__ / __ / __
__ / __ / __	__ / __ / __			__ / __ / __
__ / __ / __	__ / __ / __			__ / __ / __

ARRIVEE

Date d'arrivée	Date et N° de la correspondance	Expéditeur	Objet	Date et N° de la réponse
/ /	/ /			/ /
/ /	/ /			/ /
/ /	/ /			/ /
/ /	/ /			/ /
/ /	/ /			/ /
/ /	/ /			/ /
/ /	/ /			/ /
/ /	/ /			/ /
/ /	/ /			/ /
/ /	/ /			/ /

ARRIVEE

Date d'arrivée	Date et N° de la correspondance	Expéditeur	Objet	Date et N° de la réponse
/ /	/ /			/ /
/ /	/ /			/ /
/ /	/ /			/ /
/ /	/ /			/ /
/ /	/ /			/ /
/ /	/ /			/ /
/ /	/ /			/ /
/ /	/ /			/ /
/ /	/ /			/ /
/ /	/ /			/ /

ARRIVEE

Date d'arrivée	Date et N° de la correspondance	Expéditeur	Objet	Date et N° de la réponse
__/__/__	__/__/__			__/__/__
__/__/__	__/__/__			__/__/__
__/__/__	__/__/__			__/__/__
__/__/__	__/__/__			__/__/__
__/__/__	__/__/__			__/__/__
__/__/__	__/__/__			__/__/__
__/__/__	__/__/__			__/__/__
__/__/__	__/__/__			__/__/__
__/__/__	__/__/__			__/__/__
__/__/__	__/__/__			__/__/__

ARRIVEE

Date d'arrivée	Date et N° de la correspondance	Expéditeur	Objet	Date et N° de la réponse

ARRIVEE

Date d'arrivée	Date et N° de la correspondance	Expéditeur	Objet	Date et N° de la réponse
__/__/____	__/__/____			__/__/____
__/__/____	__/__/____			__/__/____
__/__/____	__/__/____			__/__/____
__/__/____	__/__/____			__/__/____
__/__/____	__/__/____			__/__/____
__/__/____	__/__/____			__/__/____
__/__/____	__/__/____			__/__/____
__/__/____	__/__/____			__/__/____
__/__/____	__/__/____			__/__/____
__/__/____	__/__/____			__/__/____

ARRIVEE

Date d'arrivée	Date et N° de la correspondance	Expéditeur	Objet	Date et N° de la réponse
/ /	/ /			/ /
/ /	/ /			/ /
/ /	/ /			/ /
/ /	/ /			/ /
/ /	/ /			/ /
/ /	/ /			/ /
/ /	/ /			/ /
/ /	/ /			/ /
/ /	/ /			/ /
/ /	/ /			/ /

ARRIVEE

Date d'arrivée	Date et N° de la correspondance	Expéditeur	Objet	Date et N° de la réponse
/ /	/ /			/ /
/ /	/ /			/ /
/ /	/ /			/ /
/ /	/ /			/ /
/ /	/ /			/ /
/ /	/ /			/ /
/ /	/ /			/ /
/ /	/ /			/ /
/ /	/ /			/ /
/ /	/ /			/ /

ARRIVEE

Date d'arrivée	Date et N° de la correspondance	Expéditeur	Objet	Date et N° de la réponse

ARRIVEE

Date d'arrivée	Date et N° de la correspondance	Expéditeur	Objet	Date et N° de la réponse
/ /	/ /			/ /
/ /	/ /			/ /
/ /	/ /			/ /
/ /	/ /			/ /
/ /	/ /			/ /
/ /	/ /			/ /
/ /	/ /			/ /
/ /	/ /			/ /
/ /	/ /			/ /
/ /	/ /			/ /

ARRIVEE

Date d'arrivée	Date et N° de la correspondance	Expéditeur	Objet	Date et N° de la réponse
__/__/__	__/__/__			__/__/__
__/__/__	__/__/__			__/__/__
__/__/__	__/__/__			__/__/__
__/__/__	__/__/__			__/__/__
__/__/__	__/__/__			__/__/__
__/__/__	__/__/__			__/__/__
__/__/__	__/__/__			__/__/__
__/__/__	__/__/__			__/__/__
__/__/__	__/__/__			__/__/__
__/__/__	__/__/__			__/__/__

ARRIVEE

Date d'arrivée	Date et N° de la correspondance	Expéditeur	Objet	Date et N° de la réponse
/ /	/ /			/ /
/ /	/ /			/ /
/ /	/ /			/ /
/ /	/ /			/ /
/ /	/ /			/ /
/ /	/ /			/ /
/ /	/ /			/ /
/ /	/ /			/ /
/ /	/ /			/ /
/ /	/ /			/ /

ARRIVEE

Date d'arrivée	Date et N° de la correspondance	Expéditeur	Objet	Date et N° de la réponse
__/__/__	__/__/__			__/__/__
__/__/__	__/__/__			__/__/__
__/__/__	__/__/__			__/__/__
__/__/__	__/__/__			__/__/__
__/__/__	__/__/__			__/__/__
__/__/__	__/__/__			__/__/__
__/__/__	__/__/__			__/__/__
__/__/__	__/__/__			__/__/__
__/__/__	__/__/__			__/__/__
__/__/__	__/__/__			__/__/__

ARRIVEE

Date d'arrivée	Date et N° de la correspondance	Expéditeur	Objet	Date et N° de la réponse
__/__/__	__/__/__			__/__/__
__/__/__	__/__/__			__/__/__
__/__/__	__/__/__			__/__/__
__/__/__	__/__/__			__/__/__
__/__/__	__/__/__			__/__/__
__/__/__	__/__/__			__/__/__
__/__/__	__/__/__			__/__/__
__/__/__	__/__/__			__/__/__
__/__/__	__/__/__			__/__/__
__/__/__	__/__/__			__/__/__

ARRIVEE

Date d'arrivée	Date et N° de la correspondance	Expéditeur	Objet	Date et N° de la réponse
/ /	/ /			/ /
/ /	/ /			/ /
/ /	/ /			/ /
/ /	/ /			/ /
/ /	/ /			/ /
/ /	/ /			/ /
/ /	/ /			/ /
/ /	/ /			/ /
/ /	/ /			/ /
/ /	/ /			/ /

ARRIVEE

Date d'arrivée	Date et N° de la correspondance	Expéditeur	Objet	Date et N° de la réponse

ARRIVEE

Date d'arrivée	Date et N° de la correspondance	Expéditeur	Objet	Date et N° de la réponse
__/__/__	__/__/__			__/__/__
__/__/__	__/__/__			__/__/__
__/__/__	__/__/__			__/__/__
__/__/__	__/__/__			__/__/__
__/__/__	__/__/__			__/__/__
__/__/__	__/__/__			__/__/__
__/__/__	__/__/__			__/__/__
__/__/__	__/__/__			__/__/__
__/__/__	__/__/__			__/__/__
__/__/__	__/__/__			__/__/__

ARRIVEE

Date d'arrivée	Date et N° de la correspondance	Expéditeur	Objet	Date et N° de la réponse
__/__/__	__/__/__			__/__/__
__/__/__	__/__/__			__/__/__
__/__/__	__/__/__			__/__/__
__/__/__	__/__/__			__/__/__
__/__/__	__/__/__			__/__/__
__/__/__	__/__/__			__/__/__
__/__/__	__/__/__			__/__/__
__/__/__	__/__/__			__/__/__
__/__/__	__/__/__			__/__/__
__/__/__	__/__/__			__/__/__

ARRIVEE

Date d'arrivée	Date et N° de la correspondance	Expéditeur	Objet	Date et N° de la réponse
__/__/__	__/__/__			__/__/__
__/__/__	__/__/__			__/__/__
__/__/__	__/__/__			__/__/__
__/__/__	__/__/__			__/__/__
__/__/__	__/__/__			__/__/__
__/__/__	__/__/__			__/__/__
__/__/__	__/__/__			__/__/__
__/__/__	__/__/__			__/__/__
__/__/__	__/__/__			__/__/__

Date d'arrivée	Date et N° de la correspondance	Expéditeur	Objet	Date et N° de la réponse
__/__/__	__/__/__			__/__/__
__/__/__	__/__/__			__/__/__
__/__/__	__/__/__			__/__/__
__/__/__	__/__/__			__/__/__
__/__/__	__/__/__			__/__/__
__/__/__	__/__/__			__/__/__
__/__/__	__/__/__			__/__/__
__/__/__	__/__/__			__/__/__
__/__/__	__/__/__			__/__/__
__/__/__	__/__/__			__/__/__

ARRIVEE

Date d'arrivée	Date et N° de la correspondance	Expéditeur	Objet	Date et N° de la réponse

ARRIVEE

Date d'arrivée	Date et N° de la correspondance	Expéditeur	Objet	Date et N° de la réponse
___/___/___	___/___/___			___/___/___
___/___/___	___/___/___			___/___/___
___/___/___	___/___/___			___/___/___
___/___/___	___/___/___			___/___/___
___/___/___	___/___/___			___/___/___
___/___/___	___/___/___			___/___/___
___/___/___	___/___/___			___/___/___
___/___/___	___/___/___			___/___/___
___/___/___	___/___/___			___/___/___
___/___/___	___/___/___			___/___/___

ARRIVEE

Date d'arrivée	Date et N° de la correspondance	Expéditeur	Objet	Date et N° de la réponse
__/__/__	__/__/__			__/__/__
__/__/__	__/__/__			__/__/__
__/__/__	__/__/__			__/__/__
__/__/__	__/__/__			__/__/__
__/__/__	__/__/__			__/__/__
__/__/__	__/__/__			__/__/__
__/__/__	__/__/__			__/__/__
__/__/__	__/__/__			__/__/__
__/__/__	__/__/__			__/__/__
__/__/__	__/__/__			__/__/__

ARRIVEE

Date d'arrivée	Date et N° de la correspondance	Expéditeur	Objet	Date et N° de la réponse
__/__/__	__/__/__			__/__/__
__/__/__	__/__/__			__/__/__
__/__/__	__/__/__			__/__/__
__/__/__	__/__/__			__/__/__
__/__/__	__/__/__			__/__/__
__/__/__	__/__/__			__/__/__
__/__/__	__/__/__			__/__/__
__/__/__	__/__/__			__/__/__
__/__/__	__/__/__			__/__/__
__/__/__	__/__/__			__/__/__

ARRIVEE

Date d'arrivée	Date et N° de la correspondance	Expéditeur	Objet	Date et N° de la réponse

ARRIVEE

Date d'arrivée	Date et N° de la correspondance	Expéditeur	Objet	Date et N° de la réponse
___ / ___ / ___	___ / ___ / ___			___ / ___ / ___
___ / ___ / ___	___ / ___ / ___			___ / ___ / ___
___ / ___ / ___	___ / ___ / ___			___ / ___ / ___
___ / ___ / ___	___ / ___ / ___			___ / ___ / ___
___ / ___ / ___	___ / ___ / ___			___ / ___ / ___
___ / ___ / ___	___ / ___ / ___			___ / ___ / ___
___ / ___ / ___	___ / ___ / ___			___ / ___ / ___
___ / ___ / ___	___ / ___ / ___			___ / ___ / ___
___ / ___ / ___	___ / ___ / ___			___ / ___ / ___
___ / ___ / ___	___ / ___ / ___			___ / ___ / ___

ARRIVEE

Date d'arrivée	Date et N° de la correspondance	Expéditeur	Objet	Date et N° de la réponse
__/__/__	__/__/__			__/__/__
__/__/__	__/__/__			__/__/__
__/__/__	__/__/__			__/__/__
__/__/__	__/__/__			__/__/__
__/__/__	__/__/__			__/__/__
__/__/__	__/__/__			__/__/__
__/__/__	__/__/__			__/__/__
__/__/__	__/__/__			__/__/__
__/__/__	__/__/__			__/__/__
__/__/__	__/__/__			__/__/__